Schwierige Patienten

Manchmal hat es Tina nicht leicht. Wenn die  eine  behandeln muss, braucht sie eine 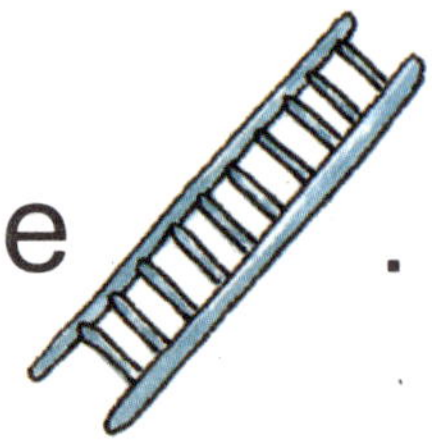. Für die 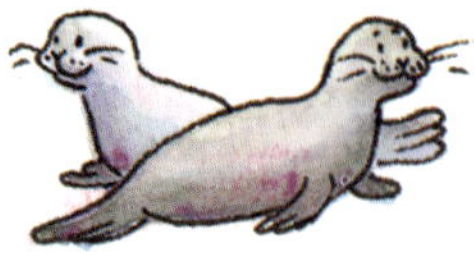 muss sie eine  und hohe  anziehen, weil die immer so fürchterlich spritzen.

Heute soll Tina das 

untersuchen. Doch das 

ist ziemlich aufgebracht. Es steht

schnaubend auf der .

Niemand wagt sich zu ihm hin.

„Wahrscheinlich tut Molly ein 

weh“, sagt die . Aber um

das  behandeln zu

können, muss sie es erst betäuben.

Mit ihrem  schießt sie eine 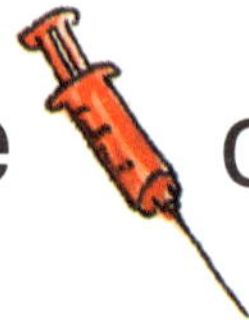 auf Molly. Kurz darauf

sinkt das  zusammen und

schläft ein. Die  nimmt

ihre schwere .

Sie geht zum  auf die .

Zwei  halten mit einem 

das mächtige  von Molly auf.

Der faule  ist nicht zu

übersehen. Tina sägt ihn mit

ihrer  ab. Mit der 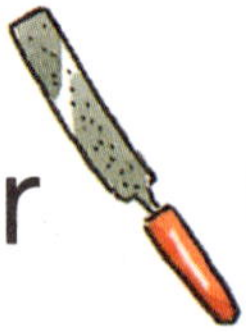 feilt

sie ihn zurecht. Der  daneben

ist auch schon ganz schwarz.

Die  behandelt ihn gleich

mit. Sie bohrt ihn mit dem 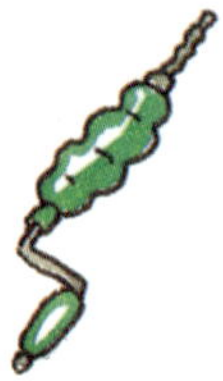

sauber aus und füllt ihn wieder

neu. Tina arbeitet schnell.

Sie will fertig sein, bevor die 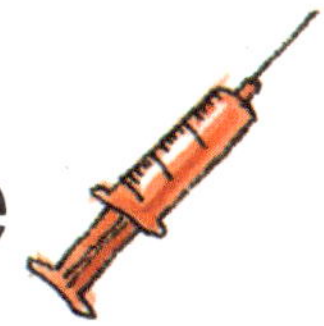

aufhört zu wirken. Tina packt

gerade ihre 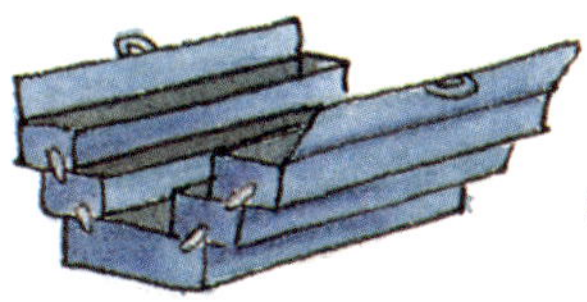, als

das  allmählich wach wird.

Erst wackelt Molly nur mit dem .

Dann schlägt sie die  auf.

Die  geht schnell hinter

den . Molly steht auf und

beginnt zu fressen. Bestimmt ist

sie froh, den  los zu sein.

Tinas neue Katze

Ein  kommt mit einer kleinen 

zur . Die  ist an der 

verletzt. Der  hat sie maunzend

hinter einem  gefunden.

Die  setzt die 

auf den . Sie untersucht

und säubert die .

Tina legt einen  an, um

die  zu schützen. „Möchtest

du die  behalten?“, fragt sie den . Der schüttelt den .

„Das geht nicht“, sagt der .

„Papa ist allergisch gegen .

Seine  juckt, und seine 

werden immer ganz rot.“

Tina bedankt sich bei dem , weil er sich um die verletzte 

gekümmert hat. „Und was mach

ich nun mit dir?“, fragt Tina die .

Die kleine  miaut. „Bist du

etwa hungrig?“, fragt die .

Sie macht eine 

auf. Die 

frisst einen ganzen 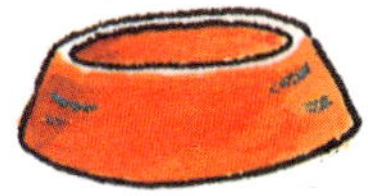 leer.

Dann humpelt sie zu Tinas 

und legt sich schlafen. „Du bist mir

vielleicht eine“, sagt die  .

Tina behandelt noch einen ,

einen  und eine  .

Die  lässt sich nicht stören.

Erst abends steht sie wieder auf

und reibt sich schnurrend an

Tinas  . Die  nimmt

sie hoch und streichelt sie.

„Na, kleiner  , wie wär’s,

wenn ich dich behalte?“, fragt Tina.

Die kleine  drückt ihren 

gegen Tinas 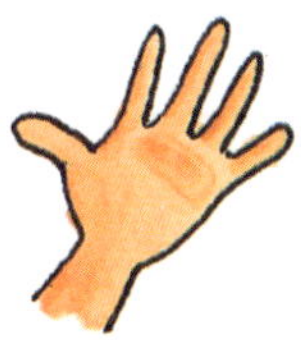 und schnurrt noch lauter. Deutlicher kann

eine  nicht antworten.

Die Wörter zu den Bildern:

Tierärztin

Giraffe

Leiter

Seehunde

Regenjacke

Gummistiefel

Nilpferd

Wiese

Zahn

Gewehr

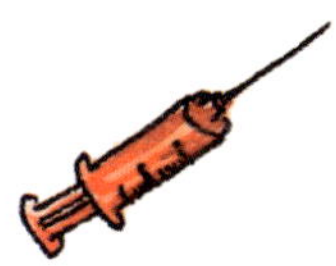
Spritze

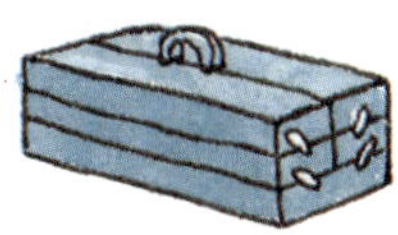
Werkzeugkiste

Männer

Seil

Maul

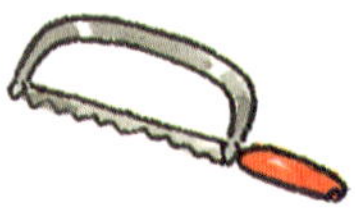

Säge

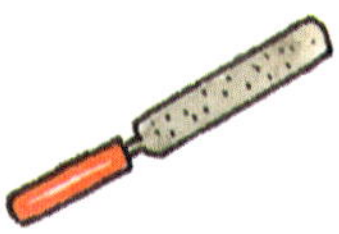

Feile

Bohrer

Schwanz

Augen

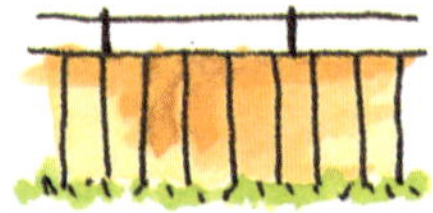

Zaun

Junge

Katze

Pfote

Tisch

Verband

Kopf

Nase

Dose

Napf

Korb

Vogel

Hund

Schildkröte

Beine

Tiger

Kopf

Hand

Dieses Heft ist auf chlorfrei gebleichtem Papier gedruckt.

Die Deutsche Bibliothek – CIP-Einheitsaufnahme

Tina hilft den Tieren /
Werner Färber ; Katharina Wieker.
– 1. Aufl. – Bindlach : Loewe, 1999
(Billebu ; 16)
ISBN 3-7855-3472-8

ISBN 3-7855-3472-8 – 1. Auflage 1999

Geschichten entnommen aus: *Lirum Larum Bildermaus – Geschichten von der Tierärztin Tina*
Umschlagillustration: Katharina Wieker
Reihengestaltung: Angelika Stubner/
Pro Design, Klaus Kögler